THÈSE

POUR

LA LICENCE.

A mon Père.

ACTE PUBLIC

POUR

LA LICENCE

EN EXÉCUTION DE L'ARTICLE 4, TITRE 2, DE LA LOI DU 22 VENTÔSE, AN XII.

SOUTENU PAR

M. BLANCHET (Antoine-Dominique-Julien),

Né à Tarbes (Hautes-Pyrénées).

JUS ROMANUM.

Quæ in fraudem creditorum......

(Dig. lib. 42, tit. 8. — Inst. Just., lib. 4, tit. 6, § 6).

Sunt quædam actiones quæ non ex civili jure descendunt, sed quas prætor ex suâ juridictione comparatas habet. Inter quas actio Pauliana quam in Institutis (lib. 4, tit. 6), et in Digestis (lib. 42, tit. 8) expositam reperimus.

Si quis in fraudem creditorum rem suam alicui tradiderit, hæc alienatio planè valida est ex jure civili. Nihil quidem agit, ex lege Ælia Sentia, is qui in fraudem creditorum manumittit (Inst. lib 1, tit. 6). Deficiens vero est ea lex, quæ in speciali casu statuit; et illi, qui suum servum manumittere nequit, in fraudem creditorum omnes bonos et servos quidem alienare permittitur.

Sed quia sanè durum erat eo casu deficere actionem, inventa est à prætore actio, in quâ dicunt creditores eam rem traditam non esse, et ob id in bonis debitoris mansisse, et per quam, bonis debitoris ab eis possessis, rescissâ traditione, eam rem petere possunt.

Hæc actio, in Institutis sic exposita, et auctoris nomine Pauliana appellata, *in rem* esse videtur. — Sed præter hanc actionem in rem, est restitutorium interdictum in eamdem finem, quod in Digestis reperimus (L. 10, pr. D. 42, 8). — In Digestis tandem est prætoris edictum, actionem *in factum arbitrariam* instituens, quæ heredis et cœteris successoribus competit, et in heredes similesque personas datur, et competit adversus eos qui res vel non possident ut restituant et adversus eos, quibus actio competit, ut actione cedant.

Ait enim prætor : « Quæ fraudationis causâ gesta erunt cum eo qui
» fraudem non ignoraverit de his curatori bonorum vel ei cui de
» eâ re actionem dari opportebit, intra annum, quo experiundi
» potestas fuerit actionem dabo; idque adversus ipsum qui fraudem
» fecit, servabo. »

Ab illa actione *in factum*, non solum alienationes revocantur, sicut ab actione *in rem* Institutorum. Ait ergo prætor : *quæ fraudationis causâ gesta erunt.* Hæc verba generalia sunt, et continent in se omnem omnino in fraudem factam, vel alienationem vel quemcunque contractum. Et gesta fraudationis causâ accipere debemus, non solum ea quæ contrahens gesserit aliquis, verum etiam quæ ab inertia perdiderit, veluti si usumfructum, vel servitutem amittit, aut litem mori patiatur, aut a debitore non petit ut tempore liberetur : quodcunque tandem fecerit ut desinat habere quod habet, si tandem patrimonium suum deminuit debitor. Non enim pertinet edictum ad eos qui id agunt, ne locuplerentur; unde si quis ideò conditioni non paret, ne committatur stipulatio, in ea conditione est, ne faciat huic edicto locum. Simili modo dicendum est, si repudiavit vel legatum, vel hæreditatem legitimam aut testamentariam, vel si filium suum emancipavit ut suo arbitrio adeat hereditatem, cessare hoc edictum (L. 6, §§ 1, 2, 3 et 4. eod.). Item debitorem, qui ex senatus-consulto Trebelliano totam hereditatem restituit, non videtur in fraudem creditorum alienasse portionem quam retinere potuisset, sed magis fideliter fecisse (L. 20, eod.). Is quoque qui pignus tenet hac actione non tenetur : suo enim jure, et ut pignus, non rei servandæ causâ possidet (L. 13, eod.).

Si in fraudem creditorum liberalitas facta sit, revocari debet : non est quærendum, an sciente eo cui donatum facta sit, sed hoc tantum, an fraudentur creditores. In hos tamen qui, ignorantes fraudis liberalitatem acceperunt, hactenus actio erit danda quatenus locupletiores facti sunt : ultra non. Sed contra illos qui cum debitorem contraxerunt, tantum danda erit, si debitoris fraudi participaverunt (L. 6, § 11). — Qui enim donati sunt, certant *de lucro captando*, creditores vero, *de lucro vitando*. Majorem igitur favorem creditores debent obtinere.

Utraque cæterùm actio Pauliana appellatur. Et in duobus utrumque exigitur : et consilium fraudis, et eventum (L. 15, eod.). Et ideo post venditionem tantum bonorum debitoris, creditoris obtinent actionem, quæ intrà annum ex die venditionis factæ, datur (L. 6, § 14, eod.).

Sed actio Pauliana in factum post annum de eo quo ad eum pervenit, adversus quem actio movetur, competit (L. 10, § 24, eod.). Iniquum enim prætor putavit in lucro morari eum, qui lucrum sensit ex fraude.

CODE NAPOLÉON

De l'action en nullité ou en rescision, et de la ratification expresse ou implicite des conventions nulles.

(Art. 1304 à 1314 Code Nap. — 1338 à 1340).

Il y a plusieurs causes qui frappent les conventions de stérilité : les unes sont irrémédiables : elles frappent les contrats d'une nullité *radicale* ; les autres ne produisent qu'une nullité relative, susceptible d'être couverte par une ratification.

Or, ces causes de stérilité peuvent se ranger dans quatre catégories :

1° Ou bien les conventions n'ont pas de raison d'être, pas de principe vital ;

2° Ou bien elles sont viciées dans la volonté ou par l'incapacité des parties ;

3° Ou l'objet du contrat manque de l'une des qualités requises ;

4° Enfin l'imperfection peut se trouver dans le défaut des formes prescrites par la loi.

Dans le premier cas, je range toutes les conventions qui n'ont pas de cause ni d'objet, ou bien qui ont une cause ou un objet illicite, comme aussi celles qui manquent du consentement des parties, etc. En effet, dans ces diverses hypothèses, le contrat est rigoureusement nul ; ce n'est qu'un fait sans existence juridique. A proprement parler, il n'y a jamais eu de contrat. Aussi cette cause de nullité est irrémédiable.

Les trois autres causes de stérilité, au contraire, ne frappent pas les conventions d'une nullité aussi absolue. L'acte existe réellement ; seulement il est annulable ; mais par cela même qu'il a une existence réelle, quoique vicieuse, il est susceptible d'être ratifié, soit expressément, soit implicitement.

Il importe de distinguer les actes rigoureusement nuls des actes simplement annulables, en ce sens que l'art. 1304 ne s'applique qu'à ceux-ci. — Cet article restreint à dix ans la durée de l'action en nullité ou en rescision. — Or, cette prescription de dix ans est fondée sur une présomption de ratification qui tombe d'elle-même, dans le cas où la nullité n'est pas susceptible d'être couverte par une ratification expresse.

Ainsi, dans le cas de *nullité radicale*, les parties peuvent agir directement en nullité, même après dix ans, même après trente ans, tant que le contrat n'a pas été exécuté. Si le contrat a été exécuté, ce ne serait qu'après trente années de possession que le défendeur à l'action en nullité pourrait être maintenu dans la propriété ; et encore ne serait-ce point par l'effet de son titre, mais par l'effet de la possession pendant un temps suffisant pour prescrire.

D'après ce qui précède, je pense que l'on ne saurait adopter l'opinion de quelques jurisconsultes qui enseignent que la convention ayant pour objet une succession future tombe sous le coup de l'article 1304, et ne peut être attaqué que pendant dix ans à compter de l'ouverture de la succession. En effet, la loi, en prohibant une telle convention, la regarde comme contraire aux bonnes mœurs. Il suit de là qu'elle ne peut pas s'être formée en droit : elle est demeurée au néant ; or, le néant ne saurait se ratifier : *quod non est, confirmari nequit.* La jurisprudence, du reste, après avoir été longtemps incertaine sur ce point, est maintenant uniforme dans ce sens (Limoges, 6 avril 1838 ; — Aix, 2 février 1840 ; — Bastia, 1839, maintenu en Cassation, 8 nov. 1842 ;

—Rennes, janv. 1843, maintenu en Cassation, 14 nov. 1842 ; — Metz, 1844, maintenu en Cassation, 11 nov. 1845).

Si, au contraire, l'imperfection du contrat résulte de l'incapacité des parties ; s'il y a eu dol, violence ou erreur, vice dans l'objet ou dans la forme, en un mot, si la nullité, au lieu d'être absolue, est simplement *relative*, l'art. 1304 reçoit son application et l'action se prescrit par dix ans, si toutefois, dit l'art. 1304, l'action « n'est pas limitée à un moindre temps par une loi particulière. » — C'est ainsi que l'annulation pour lésion ne peut être demandée que pendant deux ans, dans le cas de l'art. 1676, et seulement pendant trois mois, dans le cas de l'art. 1854. Le premier article s'applique à la vente, le second au règlement de parts entre associés.

En thèse générale, la prescription de dix ans commence à courir du jour auquel a été passée la convention attaquée, à moins que l'on ne prouve que l'on n'en a eu connaissance que plus tard. Toutefois cette règle devait évidemment souffrir d'autres exceptions, pour ne pas contrarier la maxime : *contra non valentem agere non currit præscriptio.*

Ainsi, il y a exception :

1° Relativement aux actions ouvertes en faveur des personnes que la loi déclare incapables de s'obliger. Pour elles, la prescription ne court qu'à dater du moment où cesse l'incapacité, c'est-à-dire, à dater de la dissolution du mariage, de la majorité, de la levée de l'interdiction ou de la défense de procéder sans conseil, suivant que l'action est ouverte au profit d'une femme mariée non autorisée, d'un mineur, d'un interdit ou d'une personne soumise à un conseil judiciaire. Pour ce qui concerne les actes passés par une personne en état de démence et non frappée d'interdiction, il faut conclure par analogie que le délai court à dater du jour où cette personne a recouvré sa raison.

2° En ce qui concerne les nullités résultant d'un vice dont se trouve entaché le consentement de l'obligé, c'est-à-dire en cas de violence, de dol ou d'erreur. La prescription ne court alors que du jour où le consentement aurait pu être valablement donné, c'est-à-dire, en cas de violence, à compter du jour où elle a cessé, et en cas d'erreur ou de dol, du jour où ils ont été découverts. Du reste, c'est à celui qui prétend que la prescription de dix ans a été suspendue par suite d'erreur ou de dol, à prouver que l'erreur ou le dol n'ont été découverts que depuis moins de dix ans; dans ce cas en effet: *reus excipiendo fit actor.*

Ici il faut remarquer que, si l'action en nullité se prescrit par dix ans (si ce n'est toutefois pour ce qui concerne les actes rigoureusement nuls), l'exception de nullité est, au contraire, imprescriptible, conformément à la fameuse maxime : *Quæ sunt temporalia ad agendum sunt perpetua ad excipiendum*, maxime qui n'a été abrogée ni par le texte ni par l'esprit de la loi; et en effet celui qui est investi du droit de faire annuler un contrat n'a aucun intérêt à demander cette nullité, tant que l'exécution n'a pas eu lieu. Il peut agir si cela lui convient; mais tant qu'on n'agit pas contre lui, on ne saurait trouver dans son inaction une ratification implicite d'une obligation qui n'a pas été exécutée. D'ailleurs l'art. 1304 ne parle que de *l'action* en nullité ou en rescision. Ne peut-on pas supposer qu'il n'est pas entré dans l'esprit du législateur de soumettre *l'exception* de nullité à la même règle ?

Que si, au contraire, le contrat avait été exécuté *ab initio* par celui qui prescrit l'exécution, il faudrait conclure que l'exception de nullité ne saurait plus être invoquée après dix ans; car la partie adverse, en souffrant l'exécution du contrat, a implicitement ratifié son obligation.

L'action appartient :

En cas d'incapacité ou de vice dans le consentement, à l'incapable ou à la personne victime de la violence, du dol ou de l'erreur.

En cas de vice dans l'objet ou dans la forme, à toutes parties intéressées.

Mais l'on peut opposer à la demande en nullité trois fins de non recevoir, qui sont :

1° *La ratification expresse* de l'obligation avec toutes les conditions nécessaires pour la validité des conventions, et les conditions spéciales exigées par l'art. 1338 ;

2° *L'exécution volontaire* de l'obligation avec une capacité parfaite (1338). Toutefois cette fin de non recevoir n'est pas admise dans le cas d'une donation ;

3° *La ratification implicite* résultant de l'inaction du demandeur pendant dix ans, depuis qu'il n'est plus sous la cause qui produit la nullité, et dont j'ai parlé plus haut.

En règle générale, le demandeur n'est pas assujetti à prouver une lésion ; il ne le doit que dans les cas spécialement prévus par la loi, savoir : en cas d'acceptation d'une succession faite par suite de dol envers la personne qui a accepté (art. 783 du Code Nap.); en cas de partage entre cohéritiers (art. 887), en cas de partage fait par un ascendant (art. 1079), enfin dans le cas de l'art. 1305, qui doit surtout nous occuper.

Cet article porte :

« La simple lésion donne lieu à la rescision en faveur du mineur
» non émancipé, contre toutes sortes de conventions, et en faveur du
» mineur émancipé, contre toutes conventions qui excèdent les bornes
» de sa capacité, ainsi qu'elle est déterminée au titre de la minorité,
» de la tutelle et de l'émancipation. »

Cet article a donné lieu à diverses interprétations, à divers systèmes contradictoires, dont voici les deux principaux :

Dans un premier système, le mineur est toujours restituable pour cause de lésion, même pour les actes régulièrement faits par le tuteur, agissant dans les limites de son mandat, même quand le conseil de famille et le tribunal ont été consultés ; que si cependant le mineur non émancipé avait passé lui-même un acte quelconque, ou bien si le mineur émancipé avait consenti un acte qui ne serait pas de ceux qu'il est autorisé à faire seul, cet acte étant dans ce cas celui d'un incapable, pourrait être annulé pour ce seul fait d'incapacité. S'il s'agit d'actes soumis à des formalités spéciales, passés par le tuteur avec omission de ces formalités, l'acte sera nul par ce défaut même de forme. Ainsi nous trouvons dans ce système : *Nullité pour incapacité* dans les actes que le mineur a faits seul quand il était inhabile à les faire, *nullité pour défaut de formes* quand les formalités spéciales, exigées en certains cas, n'ont pas été accomplies, et *nullité pour lésion* pour les actes faits par le tuteur, même dans les limites de son mandat, ou avec les formalités exigées ; or c'est en ceci que ce premier système paraît défectueux.

D'après un second système, au contraire, les actes régulièrement faits par le tuteur seraient inattaquables pour cause de lésion (sauf, bien entendu, les cas particuliers où les actes du majeur même pourraient être critiqués pour cette cause). Mais les actes faits par le mineur lui-même et en dehors de sa capacité ne pourraient être annulés qu'à la charge par le mineur de prouver la lésion. Et c'est sur ce point que ce second système paraît extraordinaire, et présente une étrange incohérence d'idées. Il est cependant adopté par la plupart des auteurs.

Je pense que l'on doit également rejeter l'un et l'autre de ces systèmes, qui me paraissent trop absolus : car si le premier accorde trop au mineur, le second lui accorde trop peu. Aussi doit-on rechercher une interprétation plus raisonnable, qui protége efficacement le mineur sans opprimer le droit des tiers; or, le seul système qui réunisse ces conditions et qui soit d'ailleurs en harmonie avec les anciens principes, est celui-ci :

Les actes consentis par le tuteur avec les formalités requises sont inattaquables pour cause de lésion (à moins que le dol du tuteur ne soit invoqué); les actes consentis par le mineur sans l'intervention du tuteur et ceux émanant du tuteur, et pour lesquels les formalités spéciales exigées ont été omises, sont nuls par cela même, sans qu'il soit besoin de prouver une lésion; mais les actes de pure administration consentis par le mineur lui-même, et pour lesquels la loi n'exige aucune formalité spéciale, ne pourront être annulés qu'autant qu'il y a lésion constatée. C'est dans cette dernière hypothèse seulement que l'art. 1305 reçoit son application.

Du reste, pour que la lésion éprouvée par un mineur lui permette de faire rescinder un acte, l'art. 1306 exige que la lésion ne résulte pas seulement d'un événement casuel et imprévu, il faut que l'acte lui-même ait été la cause et non pas seulement l'occasion du préjudice.

Mais la simple déclaration de majorité faite par le mineur, ne fait point obstacle à sa restitution (art. 1307 du code Nap.). L'on avait, en effet, toujours reconnu, même avant la promulgation du Code, que cette circonstance qu'un mineur s'était déclaré majeur, sans donner d'ailleurs de preuves à l'appui de son dire, ne pouvait faire obstacle à sa restitution. Car une telle clause serait devenue de style dans toutes les conventions. Mais l'on reconnaissait aussi que, si le mineur, au lieu de faire à cet égard une simple déclaration, parvenait à tromper l'autre partie, au moyen, par exemple, de pièces fausses, le droit de faire rescinder s'évanouirait dans cette hypothèse. Il doit, je pense, en être encore de même sous l'empire du Code.

La règle établie par l'art. 1305 reçoit encore exception dans les cas prévus par les art. 1308, 1309, 1310, qui établissent que le mineur n'est pas restituable :

1° Contre les engagements contractés à raison de son commerce, lorsqu'il est négociant. L'art 1308 n'est, du reste, qu'une répétition de l'art. 487 du code Napoléon;

2° Contre les conventions portées en son contrat de mariage, pourvu qu'elles aient été faites avec le consentement et l'assistance de ceux dont le consentement est requis pour la validité de son mariage lui-même ;

3° Il n'est pas enfin restituable pour les obligations résultant de son délit ou de son quasi-délit. Et en effet, en protégeant le mineur contre son inexpérience, la loi ne pouvait l'autoriser à nuire impunément à autrui. Mais il faut, pour que dans ce cas il perde le droit de se faire restituer, que son obligation résulte bien directement de son délit. Ainsi, si le mineur transigeait lui-même sur les dommages-intérêts qu'il pourrait devoir, et dans le cas où cette transaction présenterait une lésion, elle serait évidemment sujette à rescision, puisque alors la lésion proviendrait d'un contrat. Du reste, il s'agit ici du délit civil, dont parle l'art. 1382 du code Napoléon.

Quant à la question de savoir si le mineur serait restituable lorsqu'il a traité avec un autre mineur, on doit décider qu'il le serait, car la restitution appartient au mineur par sa qualité même, et indépendamment de la qualité des personnes avec lesquelles il a traité.

Pour ce qui concerne les majeurs, la lésion ne donne lieu à restitution en leur faveur que dans les cas spécialement prévus par la loi, savoir : 1° dans les partages, où elle doit être de plus du quart; 2° dans les ventes d'immeubles où elle doit s'élever à plus des sept douzièmes.

L'effet de la nullité prononcée par le juge est d'anéantir l'acte qui en est l'objet, de le rendre légalement non avenu, et par conséquent de remettre les choses en l'état où elles étaient avant l'accomplissement de l'acte.

Aussi les parties sont-elles tenues de restituer tout ce qu'elles ont pu recevoir en vertu de cet acte. Mais ce principe reçoit exception, en vertu de l'art. 1312, pour les mineurs, les interdits et les femmes mariées, qui ne sont tenus de restituer ce qu'ils ont reçu que dans les limites de ce qui a tourné à leur profit. Et c'est celui qui demande la restitution qui est tenu de prouver ce profit.

DROIT COMMERCIAL.

De la compétence des tribunaux de commerce.

La compétence des tribunaux de commerce peut être considérée :

1° *Ratione materiæ*, suivant que la loi les déclare compétents, à raison de la nature de la contestation.

2° *Ratione personæ*, suivant le droit qu'on a d'assigner le défendeur devant tel ou tel tribunal.

3° Enfin sous le rapport du droit qu'ont ces tribunaux de juger en premier ou en dernier ressort.

Ratione materiæ

Les tribunaux de commerce connaissent :

1° De toutes contestations relatives aux engagements et transactions entre négociants, marchands et banquiers (art. 631, Code de Com.). La loi ne s'explique pas sur la nature de ces engagements et transactions : mais il a été jugé qu'ils doivent avoir trait au commerce, pour que les tribunaux de commerce puissent en connaître.

2° Ils jugent aussi *entre toutes personnes* les contestations relatives à des actes réputés par la loi *actes de commerce*. L'art. 633 du code de commerce nous en donne l'énumération. Ce sont :

Tous les achats de marchandises pour les revendre, soit en nature, soit confectionnés, ou pour les louer;

Les entreprises de manufactures, de commission de transport par terre ou par eau.

Les entreprises de fourniture, d'agences, bureaux d'affaires, établissements de vente à l'encan, spectacles publics.

Les opérations de banque, change et courtage, et celles des banques publiques.

Les obligations entre négociants, marchands et banquiers.

Entre toutes personnes, les lettres de change, ou remises d'argent de place sur place.

Enfin relativement au commerce maritime : toute entreprise de construction et tous achats, ventes et reventes de bâtiments pour la navigation intérieure et extérieure ; toutes expéditions maritimes ; tout achat ou ventes d'agrès, apparaux et avitaillements ; tout affrètement ou nolissement, emprunt ou prêt à la grosse ; toutes assurances et autres contrats concernant les gens de mer ; tous accords et conventions pour salaires et loyers d'équipages ; tous engagements de gens de mer, pour le service de bâtiments de commerce.

Tous ces actes, je le répète, sont de la compétence des tribunaux de commerce, quand même ils seraient passés entre des individus non commerçants.

3° Ils connaissent également des obligations que les facteurs, commis des marchands ou leurs serviteurs, contractent pour le trafic des marchands auxquels ils sont attachés.

4° Ils connaissent des billets faits par les receveurs, payeurs, percepteurs ou autres comptables des deniers publics.

5° Enfin tout ce qui concerne les faillites est de leur compétence.

Le code de 1807 n'avait pas posé ceci en règle générale, et se bornait à énumérer certains cas où les tribunaux de commerce devaient être compétents en matière de faillite. Mais l'ancien art. 635 a été abrogé par la loi du 28 mai 1838 sur les faillites et banqueroutes, qui a déclaré ces tribunaux compétents d'une manière absolue.

Exceptions. — Lorsque les lettres de change ne sont réputées que simples promesses (art. 112 du Code de com.), ou lorsque les billets à ordre ne portent que la signature d'individus non commerçants et n'ont pas pour occasion des opérations de commerce, change, banque ou courtage, le tribunal de commerce, s'il en est requis, doit renvoyer l'affaire devant le tribunal civil ; mais cela n'a pas lieu lorsque les billets à ordre ou lettres de change portent aussi la signature de négociants. Dans ce cas, le tribunal de commerce connaîtra de l'affaire, mais ne pourra prononcer la contrainte par corps contre les non-commerçants.

Les tribunaux de commerce ne connaissent pas non plus des actions intentées contre les propriétaires cultivateurs ou vignerons pour vente de denrées provenant de leur crû, ni de celles intentées contre un négociant pour paiement de denrées et marchandises achetées pour son usage particulier. — Mais ici la loi établit une présomption légale, par suite de laquelle les billets souscrits par un négociant sont censés faits pour son commerce, et ceux des receveurs, payeurs, percepteurs ou autres comptables, sont censés faits pour leur gestion, lorsqu'une autre cause n'y est pas exprimée.

Les tribunaux de commerce ne sont compétents que pour statuer sur des faits de commerce. Ainsi, si un héritier est assigné et que sa qualité d'héritier soit contestée, la cause doit être renvoyée aux tribunaux civils, qui seuls peuvent statuer sur cette question ; mais elle revient ensuite aux tribunaux de commerce qui la jugent, s'ils sont compétents pour statuer sur le fonds (art. 426 du C. de procédure.).

De même, dans le cas où une pièce est arguée de faux, il est sursis au jugement de la demande principale jusqu'à ce que le faux soit jugé par les tribunaux compétents. Mais si la pièce arguée de faux n'est relative qu'à un des chefs de la demande, le tribunal de commerce pourra statuer sur les autres chefs sans attendre le résultat de la procédure de faux.

Ratione personæ.

En général, le défendeur doit être assigné devant le tribunal de son domicile qui est son juge naturel (art. 59, Code de pr.). Mais l'art. 420 du Code de procédure civile permet en outre au demandeur d'assigner à son choix : soit devant le tribunal dans l'arrondissement duquel la promesse a été faite et la marchandise livrée ; soit devant celui dans l'arrondissement duquel le paiement devait être effectué.

Lorsque les tribunaux de commerce sont incompétents *ratione personæ*, le défendeur doit opposer l'incompétence *avant toute défense sur le fond*. Au contraire, s'ils sont incompétents *ratione materiæ*, l'incompétence étant absolue peut être opposée *en tout état de cause*, et même le tribunal doit *d'office* renvoyer les parties, encore qu'elles n'aient pas proposé le déclinatoire.

3

Compétence des tribunaux de commerce considérée sous le rapport des degrés de juridiction.

Les tribunaux de commerce jugent en dernier ressort jusqu'à concurrence de 1,500 fr. Mais les parties peuvent déclarer qu'elles consentent à être jugées en dernier ressort au-delà de cette somme : à cet égard, leur volonté fait la loi. Les demandes reconventionnelles ou en compensation, lors même que, réunies à la demande principale, elles excèderaient 1,500 fr., ne sont pas un obstacle à ce que la demande principale soit jugée définitivement, sauf à ne statuer sur les deux demandes qu'en premier ressort, si l'une d'elles excède 1,500 francs. Les demandes en dommages intérêts, lorsqu'elles sont fondées exclusivement sur la demande principale elle-même, ne modifient pas non plus la compétence du tribunal.

Quant à ce qui concerne la question de compétence, elles sont toujours sujettes à appel (art. 439, C. de proc.).

Les tribunaux de commrce jugent aussi en dernier ressort les appels des jugements rendus par les prudhommes.

Lorsque les tribuaux de commerce ne jugent qu'en premier ressort, les appels de leurs jugements sont portés devant la Cour impériale, dans le ressort de laquelle ils se trouvent (art. 644, C. de com.). Mais ils peuvent ordonner l'exécution provisoire de leurs jugements, nonobstant l'appel, à la charge de donner caution et de justifier de solvabilité suffisante. Il est même deux cas où la caution n'est pas exigée. C'est lorsqu'il y a titre non attaqué, ou bien condamnation précédente dont il n'y a pas appel (art. 439, C. de proc. civ.).

Du reste, il n'y a pas des tribunaux de commerce dans tous les arrondissements : la loi devait donc prévoir ce cas, et l'a prévu en effet dans l'art. 640 du Code de commerce, qui déclare que, dans cette hypothèse, c'est aux juges du tribunal civil à exercer les fonctions de juges de commerce et à connaître des matières qui leur sont attribuées.

DROIT ADMINISTRATIF.

Du mode d'introduction des instances devant les tribunaux administratifs.

Il n'y a pas, à proprement parler, de règle générale pour la forme de l'introduction des instances.

Veut-on agir par la voie gracieuse, l'instance est introduite par requête ou pétition sur papier timbré, adressée aux préfets ou aux ministres, selon que les uns ou les autres sont compétents.

Veut-on agir au contraire par la voie contentieuse, le mode varie suivant les cas, et l'on agit ou par voie de requête, ou par voie de notification ou d'assignation, ou bien l'on suit les règles spéciales déterminées par la loi dans certains cas particuliers.

S'il s'agit d'une action administrative que des particuliers veulent former contre l'État, ou contre des communes ou des établissements publics, l'instance est formée indifféremment ou par exploit d'huissier, ou par requête : mais ordinairement l'on suit ce dernier mode comme plus convenable.

S'il s'agit au contraire d'actions à intenter par l'État ou les communes, contre des particuliers, ou bien s'il s'agit de difficultés soulevées entre particuliers, l'instance est formée par assignation d'huissier. Ces assignations sont soumises aux règles générales *des ajournements.*

Mais, comme je l'ai dit, la loi a établi des formes spéciales pour certains cas.

Ainsi, 1° pour les demandes en décharge de contributions, le contribuable doit adresser au sous-préfet une demande sur papier lbre ou sur papier timbré, selon que la cote est ou non supérieure à 30 fr., et y joindre l'avertissement qui lui a été donné, avec la quittance des termes échus (Loi du 21 avril 1832, art. 28);

2° Les contestations sur les élections doivent être consignées au procès verbal ou déposées dans les cinq jours au secrétariat de la mairie. Le préfet, cependant, a quinze jours pour déférer l'élection au conseil de préfecture, s'il le juge convenable, et ce conseil est saisi par la remise du procès-verbal sur son bureau, et en outre, si c'est le préfet qui le lui a déféré, par l'acte qui le constate (Loi du 22 juin 1833, art. 50 et 51. — Loi du 21 mars 1831, art. 51 et 32).

3° En matière de comptabilité, le conseil de préfecture est valablement saisi dès que le compte, les pièces à l'appui et la délibération du conseil municipal sont déposés sur le bureau, par les ordres du préfet (Ordonnance du 31 mai 1838, art. 474 et suivants).

4° S'agit-il d'un délit de grande voirie, de roulage ou d'usurpation sur les chemins vicinaux classés, l'instance est formée par un procès-verbal dressé par un cantonnier ou autre agent de l'une ou l'autre administration, suivi d'une citation administrative donnée par le garde-champêtre. (Loi du 29 floréal an X, art. 1 à 3 ; — loi du 7 ventôse an XIII, art. 6, 8, etc.);

5° En matière d'usurpation de biens communaux, il suffit d'un procès-verbal et d'une citation faite par le garde-champêtre. Cette forme est absolument *sans frais* (ordonnance du 23 juin 1819);

6° Enfin en matière d'autorisation de plaider, le conseil de préfecture est saisi, par le dépôt sur son bureau, de la délibération du conseil municipal qui demande cette autorisation. (Loi du 28 juillet 1839, art. 52 et autres).

Instances devant la Cour des Comptes. — Les comptables sont tenus de fournir leurs comptes, avec leurs pièces à l'appui, avant le 1er juillet de l'année qui suit celle pour laquelle ils sont rendus. Le compte et les pièces à l'appui sont envoyés par le préfet, avec ses observations, et déposés au greffe de la Cour. (Loi du 16 septembre 1807, art. 12 ; ordonnonce du 31 mai 1838, art. 479 et 480).

En cas de défaut ou de retard des comptables, la Cour pourra les condamner à une amende de 50 à 500 fr. par chaque mois de retard. (Ordonnance du 31 mai 1838, art. 482.)

Instances devant le conseil d'État. — Les recours des parties au conseil d'État, en matière contentieuse, sont formés par requêtes signées d'un avocat au Conseil, si ce n'est en matière de contributions, où cette signature n'est pas exigée (loi du 10 avril 1832). — Ces requêtes doivent être déposées au secrétariat du conseil d'État, ainsi que, en général, toutes les productions des parties. Elles y seront inscrites sur un registre, suivant leur ordre de date, ainsi que la remise qui en est faite à un maître des requêtes par le garde des sceaux pour préparer l'instruction. (Décret réglementaire du 22 juillet 1806, art. 1 et 2).

Le recours au conseil d'Etat contre une décision émanant d'une autorité qui y ressortit, n'est recevable que dans les trois mois à dater du jour où cette décision a été notifiée (ibid. art. 11). Les recours n'ont pas d'effet suspensif, s'il n'en a été autrement ordonné.

Il existe une commission chargée de faire l'instruction et de préparer le rapport de toutes les affaires contentieuses sur lesquelles le conseil d'Etat doit se prononcer. Cette commission est composée de six maîtres des requêtes et de six auditeurs, et présidée par le ministre de la justice. Celui-ci nomme pour chaque affaire un auditeur qui prend les pièces et prépare l'instruction, et qui fait son rapport à la commission. Sur l'exposé de l'auditeur, le ministre peut ordonner la communication aux parties intéressées. Lorsque la communication est ainsi ordonnée, les parties doivent répondre et fournir leurs défenses dans les délais suivants :

Dans quinze jours, si leur demeure est à Paris, ou n'en est pas éloignée de plus de 5 myriamètres ;

Dans le mois, si leur demeure est plus éloignée, mais cependant dans le ressort de la cour impériale de Paris, ou dans l'un des ressorts des cours d'Orléans, Rouen, Amiens, Douai, Nancy, Metz, Dijon et Bourges.

Dans les deux mois, pour les ressorts des autres cours d'appel de France.

Ces délais courent du jour de la signification de la requête à personne ou domicile par le ministère d'un huissier (ibid. art. 4).

Dans les affaires contentieuses introduites au Conseil, sur le rapport d'un ministre, il doit en être donné avis, sous la forme administrative ordinaire, à la partie intéressée, pour qu'elle puisse fournir sa réponse (ibid. art. 16).

Mais lorsque, dans les affaires où le Gouvernement a des intérêts opposés à ceux d'une partie, l'instance est introduite à la requête de cette partie, le dépôt qui est fait au secrétariat du Conseil, de la requête et des pièces, vaut notification aux agents du Gouvernement. Il doit en être de même pour la suite de l'instruction (ibid. art. 17.)

Les demandes incidentes ou en intervention, les tierces-oppositions et les oppositions aux jugements de défaut sont admises devant le conseil d'État.

Les demandes incidentes sont formées par une requête sommaire déposée au secrétariat du Conseil. S'il y a lieu, le ministre de la justice peut en ordonner la communication aux parties intéressées pour y répondre dans les trois jours ou autre bref délai qui sera déterminé. Ces demandes sont jointes au principal pour y être statué par la même décision. (Ibid, art. 18, 19.)

L'intervention est également formée par requête. Le ministre peut encore ordonner la communication. Mais la décision de l'affaire principale qui serait instruite, ne peut être retardée par une intervention (Ibid, art. 21).

On se sert encore de la voie de la requête pour les tierces-oppositions. Mais ici il faut remarquer que la partie qui succombe dans sa tierce-opposition est condamnée à une amende de 150 fr., sans préjudice d'ailleurs des dommages-intérêts de la partie, s'il y a lieu. (Ibid, art. 37 et 38.)

Les décisions du conseil d'Etat rendues par défaut, sont susceptibles d'opposition. Cette opposition doit être formée dans les trois mois à compter du jour où la décision par défaut a été notifiée. Elle n'est point suspensive.

Dans le cas d'une demande en inscription de faux contre une pièce produite, le ministre de la justice fixe un délai dans lequel la partie qui l'a produite est tenue de déclarer si elle entend s'en servir. Dans le cas où la partie répond affirmativement, le conseil d'Etat statue, sur l'avis de la commission, soit en ordonnant qu'il sera sursis à la décision de la demande principale, jusqu'après le jugement de faux par un tribunal compétent, soit en prononçant la décision définitive, si elle ne dépend pas de la pièce arguée de faux (Ibid. art. 20).

Dans les affaires qui ne seront pas en état d'être jugées, la procédure sera suspendue par la notification du décès de l'une des parties ou par le seul fait de la démission, de l'interdiction ou de la destitu tion de son avocat. Cette suspension dure jusqu'à la mise en demeure, pour reprendre l'instance ou reconstituer avocat. (Ibid. art. 22).

Mais, lorsque l'affaire est en état, la décision n'en est pas différée. (Ibid. art. 23).

Cette thèse sera soutenue en séance publique, dans l'une des salles de la Faculté le 15 janvier 1855.

Vu par le *Président de la thèse,*

BÉNECH.

Toulouse, imprimerie de Bonnal et Gibrac, rue St-Rome, 46.

Typographie de Bonnal et Gibrac, 46, rue St-Rome.